U0149221

文史哲詩叢

劉小梅著

所有浪花流傳著

文史哲出版社印行

國家圖書館出版品預行編目資料

所有浪花流傳著 / 劉小梅著. -- 初版. -- 臺北市：文史哲, 民 98.10
頁； 公分. --（文史哲詩叢；89）
ISBN 978-957-549-874-0(平裝)

851.486 98018666

文史哲詩叢 89

所有浪花流傳著

著 者：劉 小 梅
出 版 者：文 史 哲 出 版 社
http://www.lapen.com.tw
e-mail：lapen@ms74.hinet.net
記證字號：行政院新聞局版臺業字五三三七號
發 行 人：彭 正 雄
發 行 所：文 史 哲 出 版 社
印 刷 者：文 史 哲 出 版 社
臺北市羅斯福路一段七十二巷四號
郵政劃撥帳號：一六一八〇一七五
電話886-2-23511028・傳真886-2-23965656

實價新臺幣二八〇元

中華民國九十八年（2009）十月初版

著財權所有・侵權者必究

ISBN 978-957-549-874-0 08889

凡所有相皆是虛妄（自序）

筆斯序時，恰逢胞兄往生「七七」，一代星相巨擘英年猝逝，感慨良多。尤有甚者，此耗距母歸天方二載，更加悲痛逾恆。一門佛子相繼凋零，嗚呼哀哉！由於家宅人丁單薄，不禁令人聯想起坊間「風水」之說。以往對於這些中國古老傳統的星宿歧黃五術之學，大多抱持「言者鑿鑿，聽者藐藐」的態度，如今屢屢歷經親屬謝世，乃激發我內心深處湧起一股滾滾熱流，極度渴望以最虔敬、莊嚴、般若的目光，去探索一界之隔的冥陽兩岸，其中究竟蘊涵了多少人類不解之謎？因此，將本集部分篇章定義為「宗教文學」，亦不為過，這也可稱為我這個詩人和讀者的文學「初體驗」，獨家口味，新鮮出爐。

除卻開宗一百一十三帖小詩外，本書目錄排列次序，從「卸職」到「風景早在林中等候」，十分貼切地反映出筆者由緊張繁忙的媒體生涯退休迄今（二〇〇五～二〇〇七），三年多來的種種困蹇，豈僅「內憂外患」四字所能概括？！大焉者，整個國家社會的經濟崩盤，影響所及，黎民百姓失業連連，終日鬱鬱寡歡，以致癌症病患大幅攀升，舉家自絕者，更不知凡幾！有工作者，雖然深自「竊喜」，但往往一人身兼數職，多少職場健兒，正當青壯卻「過勞」暴斃，除了上下一聲「慟」字，徒喚奈何？再加上適值民主政治轉型，社會充滿對立，芝麻小事都能演變成燎原熊火，統治者與被統治者「輪流」挫折，搞得「全民」精神分裂。正當此際，湊熱鬧的物價又節節飆漲，人人皆嘆糊口難！被點名的貪官污吏卻充耳不聞。我這個恭逢其盛的文學義工，剛巧有足夠機緣，看盡天下苦難眾生相，生存在這樣如假包換的創作背景中，「詩材」得來毫不費工夫。

說完「外患」談「內憂」，去歲年底，真可謂「閉門家中坐，禍從天上來」。某晚，友人突兀造訪，告知舍兄在北京茶館倏忽暈倒，血流如注送醫急救。專家會診正確病因是——腦瘤，嗣後又接連迸發腦中風、腦水腫、腦膜炎，以致腦死，半年多來跨越千山萬水，八度動刀，依然回天乏術。期間，每日在醫院加護病房往來穿梭，閱讀人世生老病死。一代命相大師，拯救了成千上萬求助者的劫難，卻改造不了自己的厄運，午夜夢迴思之再三，真是不勝唏噓！為了營救手足不惜「逆天」，我曾跑遍台灣大小寺廟，祈福拜懺，抽籤卜卦，尋訪通靈高僧，然而破財並未消災，換來的僅是冷冷一句「魂飛魄散」。我這個孤單無援的弱女子，只有眼睜睜看著親人，一步步邁向死亡，恐懼莫名地幫他打理著所有後事。包括：在太平間毗鄰數百具冰庫遺體；正襟危坐麻木誦經八小時；半夜子時隨同法師執旛招魂；發著高燒一人在家恭候逝者「頭七」回門；四處尋覓墓園拜訪骨罈，累得眼冒金星雙腿發軟，至於價格，那更是業者的「最高機密」，窮人，死不起也！

告別式後，火化。殯儀館裡等待的棺木大排長龍，遺像魚貫入列，每位往生者都「笑容可掬」，他（她）們年青時，肯定都是帥哥美女。當家屬被推入焚化爐時，親臨其事者無不表情哀戚，人生一世，分秒間便灰飛煙滅，再見時，已是揀骨室的一堆白骨。金剛經云：「凡所有相，皆是虛妄」，俱往矣！俱往矣！

「萬般帶不走，唯有『業』隨身」，面對修行數十年的這位居士，「您好走！」我輕輕告訴虛空中一切均已化為烏有的兄長……放下，芸芸眾生誰能徹底覺悟？「心地但無不善，西方去此不遠；若懷不善之心，念佛往生難到」，引領法師個個口中不斷熟誦著阿彌陀經，然而，能夠順利抵達西方淨土者又有幾人？禪師開示：「行正即是道，起心即是妄。不離本性，就是福田。」諸位大德趕緊算算，自己到底種了多少福田？人生須臾，悟在剎那。萬千感念，都成了我的詩中點滴……

朗朗晴空，戀戀紅塵，陪伴著我的卻僅有沈默的青燈古佛。思維由「靜」中產生，孤寂者最宜修行，也最宜創作。無念、無我、無常，只須修一切善法，即可得阿耨多羅三藐三菩提。「若見諸相非相，即見如來」。詩人與覺者，有時僅僅一線之隔。我常想，既要是火中之冰，又要是冰中之火，且要「無所住」而「生其心」，利益蒼生，捨我其誰？觀音菩薩曾嘉勉，當時尚未修成正果的道濟和尚，要他做個「無印宰相」，行善何需官大？我並不完全主張「文以載道」，也不贊同「詩人為政治服務」。所謂「詩人」，我的定義是：生活在現實中，而有一顆超現實的腦袋。

此書寫寫停停，數度中輟，實因命逢多事之秋。雖則運途乖舛，然而做為一名無怨無悔的詩人，一位無忮無求的禪者，我心依舊澄如明月。皈依淨土數十寒暑，入世人做出世業，風景早在林中等候……最末，還是要感謝文史哲出版社彭發行人，以及酷熱辛勤的校對們，合什再合什。

劉小梅 寫於「居心堂」
二〇〇八年農曆七月初一

所有浪花流傳著 目次

生活協奏曲（一百十三帖）

◎之一

遊艇徐徐駛入
我的瞳孔
滿載彩霞
我也就毫不客氣將
天空
一併收下

——「創世紀」詩雜誌

◎之二

布丁還在桌上
不敢卸妝
九點了
它嬌嗔地要我
給個交待

我趴在它的耳邊
輕聲細語
等我……

◎之三

天空從來不敢

——「創世紀」詩雜誌

說謊
祂怕失去稻米對祂的
尊敬

——「創世紀」詩雜誌

◎之四

趕緊去追那些落葉
問問它們要去哪裡
今晚有沒有鋪蓋

——「創世紀」詩雜誌

◎之五

雨　正忙著主編「今日」
無暇進屋閒聊

我只好邀請寂寞一起品茗
看
茶葉的新舞

——「創世紀」詩雜誌

◎之六

需求甚殷
大批消費者頻頻詢問

店家無奈地說
實在抱歉
近來良心價格暴漲
更嚴重的是
缺貨

——「創世紀」詩雜誌

◎之七

暴雨燃燒著自己
櫻花糾纏著雪鄉
歲月蹂躪著橋樑
逗點煩惱著涅槃
靈感一不小心
砸到我的頭

◎之八

星星傳來簡訊
今晚不克前來陪我
最近公務繁忙

——「創世紀」詩雜誌

它要到處巡邏
為每一條暗巷
點一盞燈

——「創世紀」詩雜誌

◎之九

時針在鐘錶裡
馬不停蹄地奔跑
甚至無暇買一雙鞋
它獲得最大的報酬是
病故

——「創世紀」詩雜誌

◎之十

慢著
別把春天包進韭菜盒裡
窗外赤裸的樹枝
正翹首以盼
誰能給它一件衣裳

——「創世紀」詩雜誌

◎十一

像一尊佛塔
摩天樓在我腦中坐禪
陽光部隊不請自來
我吩咐芥子：
奉茶

——「創世紀」詩雜誌

◎十二

向陽花
開滿沙發
它們要給疲憊的主人
一點顏色
瞧瞧

◎十三

孩子們興奮極了
扛著春天到處跑
蝴蝶拉高嗓門
等等我

——「文學人」雜誌

◎十四

你在說我的閒話
斗笠向芭蕉宣戰
主張中立的小木屋
把風景全部請入
眼內
世界和平了一下午

◎十五

路上
意外邂逅一隻
毛毛蟲

——「文學人」雜誌

它向我滔滔不絕演講
生存的哲學
以匍伏

◎十六

小小螞蟻又在忙著
拓展版圖
牠們準備跟風雨
一決高下

◎十七

悄悄地
彩虹來到屋外
不想驚動任何人
但

仍被時間發現

——「文學人」雜誌

◎十八

文旦
坐在樓梯上
悶悶不樂
它正試圖極力挽留
堅決與它分手的
今日

——「文學人」雜誌

◎十九

四處無人

黑天鵝忘我地在湖中
跳起芭蕾

葉片紛紛由樹上躍下
趕去鼓掌
有的不慎跌瘸了腿

——「文學人」雜誌

◎二十

吃早點
不能只飽餐天色
至少還該有一碟
出航的慾望
帆船說

◎二十一

急急忙忙走過一面牆
突然被一根橫枝絆倒
它頗為不悅：
你忘了攜帶友誼

——世界論壇報

◎二十二

水在洞穴中不停地流淌
那是它對周邊乾枯土壤
悲憫的淚

——「文學人」雜誌

◎二十三

貓咪無暇用餐
牠正忙著品評
窗外畫展

每一棵樹都緊張地
搔首弄姿

◎二十四

世人都只看到它的墮落
想著　想著
夕陽委屈地哭紅了眼
其實
它分分秒秒都算計著

明日的崛起

◎二十五

春天
就掛在屋簷下
等你去摘它
但
麻雀警告說
那是牠的

◎二十六

亭內那個燈籠
從不招待遊客的
眼神

——世界論壇報

它只認真努力給黑暗
光明

◎二十七
風景來了
快
捉住它

◎二十八
松樹偷偷地在練習
吟詩
那是他準備送給月娘的
心意

——「文學人」雜誌

◎二十九

一群裝扮惹眼的火鶴
在街頭眉飛色舞

去　看看
它們要製造什麼新聞

◎三十

連葡萄都誇此地
風光明媚
傘座卻焦慮得集體
失眠

海鷗鼓鼓翅膀：
我去幫你們叫賣

——「文學人」雜誌

◎三十一

走過一排花香
它們盛情款待我的
嗅覺

我只好將靈魂留下
做客
然後繼續趕路

——「文學人」雜誌

◎三十二

太陽牽著我的手
逛街
祂問我要不要去看看
群眾的演出

咱們去瞧瞧那些樹葉
有沒有曬傷
我建議

◎三十三

成為媒體攝影焦點
絕非預謀
白蓮委屈地哭了

對於它的姿態出眾
所有生物群起杯葛

連風都想推它一把

——「文學人」雜誌

◎三十四

整天都在與
空
對談

即使夏日來過
即使雲朵來過
即使嫩葉上的一抹綠來過

——「文學人」雜誌

◎三十五

月亮穿著薄紗外出

散步

追趕而至的
秋聲
將客棧擠爆

——「文學人」雜誌

◎三十六

經過書櫃
劍蘭主動向我報告
它什麼都不行
唯一的專長即是布施
美麗

——「文學人」雜誌

◎三十七

那棟建築為何老盯著我
我真的沒有偷走任何星星

——「文學人」雜誌

◎三十八

高僧在畫裡酣眠
走路輕點
別吵醒他

——「文學人」雜誌

◎三十九

快把雨聲請入屋內
以免它在門外著涼感冒

◎四十

歲月從水龍頭裡
倉皇逃出

抓通緝犯般
我卯足了勁
最終還是失手
讓它跑了

◎四十一

兩隻懶貓正在討論
如何才能把日子烘焙得

像蛋糕一樣
香甜可口
魚　不敢提出建議

——「文學人」雜誌

◎四十二

別急著把對手趕下舞台
還有許多場合
必需邀他演出

——「文學人」雜誌

◎四十三

雨水說盡好話
小樹苗終於願意長大

——「文學人」雜誌

◎四十四

寂寞來訪
家裡沒什麼好招待
僅剩一包南瓜子

◎四十五

你無需訝異
如果有一天
心臟背叛了你

◎四十六

溽暑

無預警攻佔書房
我已調兵遣將
緊急處理中

◎四十七

小巷與鄰家那盆日日春
聊了一個下午
黃昏說
我能加入嗎

◎四十八

奔跑中的花鹿
不被允許稍稍停歇
你看

——「文學人」雜誌

讚美牠的人正在積極準備
開槍

◎四十九

由著牠們去鬧吧
再怎麼鬧
還是一群麻雀
能令梅雨停止嗎？

◎五十

我們抵達時
暮秋早已坐在船上
等候

——「文學人」雜誌

說說唱唱中
有人來報
月亮不幸溺水

◎五十一

逗點最近爆紅
這會兒又不知被哪位詩人拉去
喝酒了

◎五十二

美好的日子
竟被乙只小小檸檬否定
只好有請
釋迦

復建它的甜度

◎五十三

蚱蜢與躺椅
卿卿我我
陽光得到密報
立刻趕來
拍照

◎五十四

敞開胸釦的曇花
僅在眾人面前一晃
便嬌羞地將外衣闔上
留下滿場
垂涎

◎五十五

糕餅與粽子起了勃谿
午餐時分
調停不成
我只好與蔬果結盟

——「創世紀」詩雜誌

◎五十六

基於不能被蟑螂消滅的理由
我決定勇敢扛起
活著的責任

——「文學人」雜誌

◎五十七

別急著要湯交出好料
試試看
先讓它沈澱

◎五十八

危機蹲在牆角
窺視
一股莫名其妙的
對峙的恐懼
是我管理房間
還是房間管理我？

◎五十九

歷史
高傲地掉頭而去
它不願與一個失敗者
匹配

◎六十

麵包花在臥室
閉關
每餐吃的都是同一菜色——
寂寞

——「文學人」雜誌

◎六十一

風　呼呼吹過
這一趟的任務是
清除公園裡的
腐敗
若有樹幹撐腰
就將它連根拔起

◎六十二

天空必會熱情邀約
只要你拉開窗簾

——世界論壇報

◎六十三

我不反對你跟蟑螂談談
牠也有一顆上進的心

◎六十四

修行者不敢出寺
怕的是
一顆戒心
又被楓紅拐走

◎六十五

——「文學人」雜誌

打開衣櫃
赫然發現
裡面掛滿了各式各樣的
自己

◎六十六

上香時
不慎被一枚月牙
偷窺

垃圾袋中的紅燒魚……
不是我殺的

◎六十七

所有遊客都等得不耐

禪
終於從茶壺躍出

——「文學人」雜誌

◎六十八

鍋中綠豆
個個驚訝地張大了口
但
始終不肯透露
它們看見什麼

◎六十九

承蒙　春天
深情款款地撫摸
紅磚房有著難以啓齒的

羞澀

◎七十

舀了一勺今日
謹慎著用
因為庫存不多

◎七十一

狀元紅喜獲麟兒
庭園裡熱鬧非凡
陽光好不容易才從樹縫
溜進來
道賀

◎七十二

伊的溫度
月亮不肯告知
祂只答應儘快趕來陪我

如果有事耽擱
祂要我務必
好好孤獨

◎七十三

伊的影子即將過期
趕緊放入冰箱冷藏
看看能否延遲作廢

◎七十四

走進清晨
走進寧靜
走進自己的意識層……

我想請它寫首詩
它的門前懸掛著
休息中

◎七十五

桂花盛開
鬧得滿園皆知
她也不懂　自己
為什麼這樣出色

◎七十六

歲月來訪
我與奮地想和它好好
聊聊

它板著一張面孔
而且帶走屋裡的一切
連牆上的油漆也不放過

◎七十七

一不小心走進時間的
漩渦
凝神佇立片刻

從四面八方狂襲而來的是
一股無以名狀的
空

◎七十八

扇面上的菊花
一直朝我微笑

我把肚子裡的所有委屈
全說給它聽了
頓覺
天寬地闊

◎七十九

晨醒

一股涼意體貼地
幫我蓋上被單
轉身一看
秋
坐在床邊

◎八十

綿羊鞠躬
向小草
請問快樂之道
我從不因摘不到星星
而哭泣
小草說

◎八十一

黑暗霸佔了夜
我開啓一盞小小的
燈

想不到那無所不在的
龐然巨物
一戳即破

◎八十二

風車和小朋友
玩得不亦樂乎
太陽也來報名
參加

顏色
把八月鬧得頭都昏了

◎八十三

自從搬進透明水晶杯裡
百合便與奮地夜夜
失眠

唯一遺憾的是
空間狹窄
容不下它們六萬噸的
喜悅

◎八十四

想把千篇一律的「今天」
整個型
植物也同意這個看法

◎八十五

日曆趕緊聲明
它不會修改三圍
要我問問樹上的蟬

◎八十六

進門時
突然被一朵小花叫住
它怒不可遏地說：
你根本沒把我放在眼裡

從未邀約寒冬
我發誓
既然來了
就請它在客廳
坐一會兒

◎八十七

不知還有什麼招式可耍
除了生活

◎八十八

竟然被一群羊齒蕨
訕笑
是嫌我的髮型

還是鞋樣

◎八十九

鏡子總以為自己
人脈豐富
它可曾看清真正的
心腹

◎九十

終於下了最後通牒
要將臉上黑斑
限期拆除

哼　它說
你敢

◎九十一

被派在門口站崗的
兩朵太陽花
發生嚴重口角
鄰居紛紛報警

但　依舊無法查出
誰偷走了
春天

◎九十二

臨別依依
三月緊緊握著我的手

——「文學人」雜誌

◎九十三

把中午深深鎖在房內
一切等回來再說

◎九十四

黃昏氣呼呼地走了
它不想再聽我解釋

◎九十五

看它哭得那麼傷心
我偷偷遞給「道德」
一方手帕

◎九十六

不想再跟蒼蠅理論
免得被人說是強凌弱寡

◎九十七

至今野性不改
玩著玩著
調皮的小明一腳把
太陽
踢給了小華：
接住！

◎九十八

菜圃裡的茼蒿花
盛大公演
轎中出巡的神明也來排隊
觀賞

◎九十九

驚見一隻蛤蟆
我揣摩著牠的心思
與牠交談
牠涕泗縱橫地向我哭訴
這世界太醜陋了

◎一百

頻頻送花

百般殷勤
我再也不生春天的氣了

◎一〇一

石頭忍痛拒絕跟雲
私奔
它已將終身許配給
腳下的土地

◎一〇二

深埋心底的一段曾經
切勿挖掘
那些美好將被毀容
我擔心

◎一〇三

大海暫停流淌
專心一意聆聽著
小貝殼的困境
說著說著
天也忍不住掉下淚來……

——世界論壇報

◎一〇四

一顆青春痘
正在肆無忌憚地
崛起
洗面乳立刻誓師

準備與它決一死戰

◎一〇五

暴風雨已遠走高飛
帶著它的慈悲

小蝸牛終於可以安心
睡午覺了
牠叫夏日
別吵

◎一〇六

從未想過離職
懸崖上的那盞燈
堅定地告訴遊客：

為了照顧好每一雙腳
我不敢老

◎一〇七

敘舊
最紅的話題總是
死亡
我現在的專職是
呼吸

◎一〇八

櫻花開了
藍天白雲催促著

鞋履早已梳好妝
雀躍地在門口等候

哎呀　我的心
還鎖在抽屜裡

◎一〇九

我把整個太陽扛來
送給那位始終緘默的
中年男子

總算治癒他
眾人束手無策的
憂鬱

——世界論壇報

◎一一〇

再冷也要　起床
勇敢奔赴　今日

不經意打了個噴嚏
驚擾到正在運動的
小草
它善心向我通風報信
寒流已在庭院埋伏

◎一一一

所有善念
從四面八方趕來
為一個命在旦夕的病患

緊急手術
生死大權由誰操刀？
神明

◎一一二

一株梅花站在窗外
不時探過頭來
向內張望
想拜年嗎？
請進

——「文學人」雜誌

◎一一三

乙只茶壺在桌上
靜靜坐了一個下午
香氣四溢

我問它裡面裝的什麼
它說　只不過
一個春天而已

卸職

每一張臉孔都那麼陌生
就像盤裡的燻魚及荷蘭烤肉
壓根兒沒想和我打招呼
記得從前
他們的名字都叫
朋友

走過空曠廣場
早已曲終人散
這世界唯一活著的僅有
鞋跟

小歇

偌大的草坪
一無所有
除了
靜

一株茶樹奉派到牆角
站崗
如果陽光入侵
要不要立刻逮捕？
請示玻璃

就讓它小歇片刻吧

閱讀街道美學

維納斯靜靜坐在路旁
賞花
騎單車的路客無視於她
姣好的裸體
一輛輛輕鬆掠過
踩著晨光

石頭不願向人們道早
它嫌這座城市已經太過
吵鬧
紅葉十分專心地跟著鳥雀
練唱
它們要搭檔演出

秋天

呼吸是否也要申請核准
群樹正在召開高峰會

強烈主張慢活的蝴蝶
是否會被質疑遊手好閒

忘了給詩買份早點
它立刻宣布與我斷交

涼亭

茫茫荒野間
從來不知自己身世的
涼亭
每天都熱情接待著
八方風雨

經年罕至的旅客問
你叫什麼名字

它開心地回答
我叫
冷

他有一座山

他有一座山
他說
門口的棕櫚已證實
只有　它
懂得他的寂寞

他有一座山
落地窗也不否認
而且經常幫他招待
來訪的夕陽
偶而削個梨　請請
路過的雲
解渴

所有附近的山一致簽署
願意免費租給他的雙眼
觀賞
優惠的還包括他的
愛犬

於是……

於是
放膽前行
一無所獲　竟然
除了折磨腳板的砂礫
至於那些只會倚老賣老的
資深昆蟲
就讓牠們繼續嘶喊
閒著也是閒著
那面牆正在認真拍攝
歲月

別擋住它的視線
裙擺飛揚
一隻蝴蝶轉過身來
熱心回答
初來乍到的風迷了路

宇宙是否出租？
誰是仲介
懷孕母貓焦急地
四處打探

閃耀
是每一顆石子的夢想
眾星啊
請勿將光芒囤積
惜售

登樓

路是無限寬廣

今晚月娘做東

小蝸牛死了

再也無力攀爬
陽台上那堵高大的
牆

小蝸牛死了
因為飢餓的緣故
牠沒有領到
失業補助

可憐啊　你看
牠那孱弱的體軀
房舍也跌碎了

——曾刊於「世界論壇報」

又有弱蕊倒下

晨起　一開門
蝴蝶蘭便鞠躬哈腰
向我道
早安
鳳仙花也是
大理花也是
星點木也沒閒著
它們都十分忙碌
忙著成為園圃裡的一名
亮角
忙著接待風霜雨露
又有不少弱蕊倒下

昨夜冬寒
陽光前來慰問
並向眾生致歉
遲了一步
天地同悲……

——曾刊於「世界論壇報」

搭乘夜色

又和那個印著小熊的背包相見
我悄悄跟牠說了一聲　哈囉
沒讓看來一臉疲憊的學童發現
牠
是我新交的朋友

與其說是在搭乘公車
不如說是在搭乘夜色

終於由靜巷駛入鬧區
勤勞的店家均未打烊
他們一定都篤信
只有戰到最後一刻

才能歡笑收割

然而
被深切期待的廣大人潮
帶來的卻只是一堆
足跡

翌日
我還是準時到達車站
去搭乘一段
夜色

每一塊蛋糕都不敢微笑

凝重的表情
依序就位

又見手勢
可以確定那不是仿冒

參與圓桌會議的每一塊
蛋糕
都不敢微笑
低調出席的還包括
紙與筆
以及一杯廉價茶水

又是菁英
又在所謂集思廣益
又在探討說穿了其實就是
爭得你死我活的
經營策略
成功　彷彿近在咫尺

一隻未被邀請的螞蟻
適時進場
牠的贏的哲學簡單明瞭：
"Go, get it!"
一塊美麗蛋糕就這樣被牠
玷污
會議恰巧談及
…不能因小失大……
牆上掛鐘是休假抑或歇業

難道是配合創意演出
當座談主題進行到
永續發展

又見手勢
又是集思廣益
會議桌上每一塊蛋糕
都不敢微笑

——「創世紀」詩雜誌

走在台北

根本無意和路邊那些野花
搭訕
絕色卻千方百計將眼
誘拐

空氣清廉
從不藉機向呼吸的民眾
斂稅

風景也訂出優惠
凡攜帶幸福而來的遊客
今晚都可免費試吃一盤
月亮

臨走時
我拎回滿滿一袋
春天

——「創世紀」詩雜誌

五七

總想推門
到庭院走走
近來最嫻熟的專長是
孤獨

坐在一朵小小的花上
冥思
別緊張
那只是我的靈魂

拿起針線
意欲縫製一面笑容
幾度挫敗

今日依舊過重

——母逝後心情一蹶不振，「五七」前夕，突然想提筆

是梅雨嗎？

是梅雨嗎？
我也僅能和你傾訴
那些主義
老在紙上滔滔
放在冰箱的那碗命運
久未處理有些發霉
世界
站在泥沼裡
每個人見面都這麼說

口味

有沒有新的口味
我問　人生

一樣的清掃
一樣的烹調
一樣的閱讀
一樣的不得安寧

收拾黑暗
也令人疲於奔命

——曾刊於「創世紀」詩雜誌

候診

形容枯槁的病患
面對擁擠的醫院長廊只敢
沈默

骨瘦如柴的婦女
以丑角賣力演出之姿
詮釋她的疼痛

一直陪在她身旁無奈的
時間
只好繼續陪她
無奈

——曾刊於「世界論壇報」

下次我們還要約會

終於想出辦法
進入每一間癌症病房
用我的
心

輕輕趴在患者耳邊
告訴他們
當那些惡性腫瘤
一瞑大一寸時
趕緊做一件善事
腫瘤體積就會隨之
縮減

質疑嗎？
每位病患都投來同樣目光
我便趁機學起電視廣告
Trust me,
You can make it!

離開床榻時
並且奉送每人一個
吻
告訴他們　悄悄地
下次我們還要
約會
或許在青青草原
或許在淙淙水畔
任何物件均可攜帶
包括永遠改不了的
老大心態

唯有一樣禁止出席——
腫瘤

——曾刊於「世界論壇報」

總是和蕃茄汁相遇

總是和蕃茄汁相遇
在黃昏時刻

它喜歡讀我
藏在腦中尚未分娩的
詩

寫不出來時
我就哄它
吃完餛飩與月亮
帶它去逛
夢

會不會還有人叫住我？

突然變天
冷颼颼
風　命令我穿上外套

陰雨綿綿
像在為誰啜泣
它不告訴我
行道樹也一無所知
整條街的臉色都十分
凝重

「阿姨　可不可以給我一個
便當」

是誰在身後叫我？
如許陌生
噢　年青人　應該說
有點智障的年青人
微笑立刻取代驚訝

「你賣什麼？」
他高高舉起一個透明袋
裡面裝著幾個塑膠杯
「到現在還沒賣掉一個！」
他把所有責任都歸咎於
無能
「今天我沒有飯吃」
午後三時多
腕錶寫著
「我請你吃便當——
每天都這樣？」

「常常」說著　他低下頭
眼淚奪眶而出
「即使賣了幾十元
也被人搶去　不給
他們就打我！」
額頭瘡疤清晰可見
是舊傷
手臂多處瘀青
保證新鮮

突然變天
冷颼颼
我撐著一支略有缺陷的傘
走在雨中　自言自語
下一條街
會不會還有人叫住我？

山頂的野鴿

不停地咀嚼
咀嚼
山頂的野鴿
旁若無人地吃著
整座城市

吃著河流
吃著車陣
吃著風
吃著人
吃著蒼茫……

牠們正在研究

冷漠的溫度
精擅拿捏
展翅的時機
因為漂泊
所以海闊天空

寒冬來襲　就
一口吞下
即使瑟縮
也要姿態優雅
去　看看
哪家需要火把

——「創世紀」詩雜誌

即將小雪

十四小雪
我的老花眼冷不防
被日曆上的一行小字
突襲

近來微恙
我已習慣外食
粗茶淡飯堪稱福報
在這物價飛漲年代
一碗附贈的蕃茄豆腐湯
匹配一位詩人　也算
門當户對

103　即將小雪

舀湯時　店外
一對小兄弟隔著玻璃
目不轉睛瞅著
那碗熱騰騰的湯
面無表情也不出聲
只是冷冷看著　冷冷
像煞專業攝影師認真地
把我的每個動作細節
一一拍入底片
其中一名使用的是
單眼相機
因為清晰可見他的
視障

當湯即將入口時
突然我把碗轉了個方向
送給窗外那名男童

較高那位指著身邊視障者：
家裡沒錢
媽媽叫我們少吃飯
所以他每天吵著我帶他出來
看別人吃飯
哈哈哈哈　他最喜歡
看別人吃飯……

——寫於二〇〇七年農曆十月十二
——曾刊於「創世紀」詩雜誌

又在偷偷發芽

每一朵花都十分
精進
從小園視察一圈回來
發現　每一株草木
都不敢恣意地享受
退休

數日前才修剪過的那些
奄奄一息的枯枝
定睛一看
又在偷偷發芽
雖然換了陣地
這是對我雷厲執行的

裁減政策　提出
抗議
而且態度強硬
生長
是它們一貫的堅持
世世代代
我無法故意不批准它們
呼吸
連天地都為它們撐腰

小心那朵雲
對　就是它　我認得
它專門跑去跟神明
打報告
看我有沒有猙獰地
迫害眾生
我好怕　真的

好怕聽到一片樹葉的
哭泣
還得打起精神去澆水
唉　我的腿
好疲憊

——曾刊於「創世紀」詩雜誌

剛巧下著大雨

午睡時分
救護車的急鳴聲響徹雲霄
當我趕到時
所有左鄰右舍的眼神
不約而同在陽台集合

或許不想太過轟動
嗣後每隔一日　小巷中
就多了這麼一幕光景
但總是靜靜地來
悄悄地去
好奇的靈魂指揮我
立刻展開追蹤……

骨瘦如柴
一陣風即可颳走的老先生
被從公寓高層抬下樓來
折騰許久總算進了車艙
答案終於揭曉——
洗腎

兩年多了
他就那樣一成不變地活著
家屬也那樣一成不變地活著
靜靜地　輕輕地
從不打擾
一片雲
對面那隻白狗早已看慣
舊戲碼
繼續午睡

相遇　總在近午時分
那名肯定失業的中年男子
（應該說「病患家屬」）
永遠低著頭壓著腳跟行走
彷彿深怕驚醒一粒灰塵
一份報紙
一杯廉價餐點
就是他全部的食糧
日日月月　歲歲年年

尾隨在他身後
不敢喘息
我偷偷拜託天空
　噓——
千萬別讓他發現
一不小心　啊呀

我竟把一汪淚水
洒在他左手拎著的餐杯上
心想如果被發現
就說是　雨
天剛巧下著大雨……

路過

美食部冷冷清清
僅剩鋼琴在擴音器裡
盡忠職守

並未熱情招攬
販者顯然已習慣近年來的
蕭瑟
寂寞是餐牌上新添加的一道
主菜
我也只能默默低頭走過
假裝有要事待辦
就讓音符獨自在空氣中悠遊自在地
淒涼

晚餐落腳何處？
我得請示一下
荷包

又抓出一把臉龐

時時刻刻懸念著的那隻
流浪貓
晚餐可有著落？

終於有了善心人士
看　那燈火鄰家
貓兒踮著腳尖
攀在過高的窗台邊
一口口小心翼翼吃著
不知如何積德修來的
那頓晚餐

每日只供得起牠一頓

我也僅是個小吏
陌生的施主與我
不設防地聊了起來
巷弄中
因為貓的緣故

我這個人信仰慈悲
他清清喉嚨
每天上班　口袋裡
永遠裝著一樣東西——
百姓
搭乘捷運時　無聊
我就抓出一把臉龐
仔細端詳
看看他們是否面有憂色
提出決策時
批示公文時

我又抓出一把臉龐
……………
我又抓出一把臉龐
……………
快回去看看那張貓臉吧
我說

——曾刊於「世界論壇報」

她喃喃問著

鋼筋水泥算什麼
老闆以為他應該扛得動
地球

什麼都應扛得動
是的　偉仔不斷為自己
洗腦

兩箱重物加身
改寫了他一生的歷史

塌了　天
妻子一語不發望著病床上

下肢永遠癱瘓年青俊帥的
夫

她總是忘了向
每天前來探病的歲月　說
謝謝
陽光過門不入
她也著實忘了
怨它
因為眼睛太過忙碌
從早到晚一直忙著
痴呆

她倆原本約好　週日
要帶孩子到公園玩耍
理由是爸爸欠小強小麗一次
擁抱

他確實答應過的
要為兒女購買許許多多的
春天
等發薪水之後

春天已經走了
鄰床病患不時咕噥著

還會再來嗎？
她喃喃問著
喃喃問著
喃喃問著
…………

每一朵都容顏憔悴

一群天真爛漫的小花
集體缺席
花圃冷清不少

觀音竹搖搖頭
它告訴我數日前大夥聊天
那朵菁英最近老是
憂形於色
椿樹還勸它切勿過勞
……………
戴上眼鏡仔細將花盆
檢視一遍
每一朵都容顏憔悴

究竟對它們做了什麼
除了不停地壓迫它們努力
綻放
即使只是口頭期盼
我反覆思想
反覆哀戚

至今弄不清它們每位的
尊姓大名
我承認從未關心過　誰
腰酸背痛　誰
心臟無力　誰
白血球異常　誰
……………
我承認從未噓寒問暖
從未

除了不停地壓迫它們努力
綻放

冬　景

全城上下都在發抖
包括路邊攤賣的
蘿蔔絲餅
就是沒人敢對
風
嗆聲

酷寒當道
年近九旬的老嫗
認命地在街頭俯首
伴著她的是
兩袋稀稀寥寥的絲瓜網
以及　寸步不離

孝行可嘉的
皺紋

下班了
交通要衢眾臉雲集
萬人合唱
冷
木桶中發高燒的粉絲
急速降溫
它不敢公然得罪
潮流

許許多多的二氧化碳
相繼逃離
人間彷彿僅剩下
萍水相逢的
路燈

慈悲地撫摸著
凍得猶如一尊石雕的
阿嬤

堅毅不屈的絲瓜網
依舊裸著　勇士般
它發誓
絕不向風
低頭

臘味下車了

臘味飄香
預告著年節的腳步
近了
幾個主婦嘰嘰喳喳
索性在公車上料理起
年夜飯
以嘴

幸福
輕而易舉便敲開
每位冷漠乘客閉鎖的心
一張張的表情
爭相發言

緊急剎車
一位六十開外的阿桑
身不由己從後座
一路衝到前門

等等　等等
他驚慌失措地跑回原處
拎來兩個十分沈重的包裹
剎時　臭氣薰天
看得出他真的很想儘速逃離現場
儘速

雨鞋上的泥垢
藏青褲上的白粉
咖啡夾克上的油漬
抑或

那張陳年未洗的臉？
啊　他買不起
時間
一堆問號遺留在車上
臘味下車了
幸福下車了
我的鼻子也下車了

數十萬腳步

點燈祈福的人群
將寺廟團團圍住

口角　此起彼落
有人說
曙光乍現即來排隊
阿嬤的嗓門更大：
昨夜根本沒睡
在這兒
文明的定義是
劍拔弩張

數百年無人代班

菩薩忙得無暇喘息
別說午餐
文昌帝君與武聖關公
始終無緣喝杯咖啡
縱使鄰居
登記不到的　抱歉
明日請早

匆匆
數十萬腳步
捷運站嚴重抗議：
皮膚過敏
跪在路口那位
蓬頭垢面婦女
缽裡僅有三枚銅幣
我佇足定睛仔細閱讀
她身旁一張硬紙板：

家境貧困
丈夫開刀
獨立撫育七名孩童……
一波波來往人潮
她望眼欲穿的善心大德
看似近在咫尺

暮色將居
婦人還跪在地上不停地
磕頭
點燈祈福完成登記者
嘻嘻哈哈走過
登記失敗者
怨怨嘆嘆走過
累了一天的太陽
疲憊地走過
我奉獻了一點心意

也匆匆走過

——曾刊於「世界論壇報」

而且　而且

家屬飛也似地衝進
加護病房
如箭

但　病患
視若無睹
他們正忙著迎接
死神
閻王隨時要來臨檢
而且手中永遠拎著一個
算盤
加加減減加加
珠珠驚魂

結帳
有人就地正法
有人留校察看
有人戴罪立功
躲過一劫的　是否從此
徹底覺悟？
早已看破紅塵的鐘錶
拒絕回答
它只奉命每天在牆上演出
歲月

揭開咱們這口社會大鍋
看看　看仔細啦　諸位
屠宰的依舊屠宰
貪婪的依舊貪婪
妄念的依舊妄念

痴迷的依舊痴迷
偷工減料的
薄情寡義的
姦淫擄掠的
詭詐多端的
墮胎棄老的
凌虐婦幼的
刁鑽尖刻的
心狠手辣的
……
通通依舊　而且　而且
變本加厲　而且　而且
技術
更上一層樓

從不擔心生意蕭條
加護病房　年年

開市大吉

——曾刊於「世界論壇報」

【註】加護病房：醫院簡稱I.C.U（Intensive Care Unit）

拜懺

麻雀氣喘吁吁趕來報名
拜懺
烏雲有事先行告辭

入內　匆匆
時間早已端坐椅墊上
調息
供桌上的蘋果斜披著大紅
袈裟
橘子不苟言笑
玫瑰桃暫時停止
春思
幢幡抬頭挺胸立在兩旁

認真值勤
香煙忙著四處巡邏
法師魚貫入列
莊嚴氣氛攙扶著高齡住持
緩緩就座
萬物自動關閉喉嚨
靜——

梵唱開始

佛來了
菩薩來了
冤親債主來了
跪——
花　也虔誠磕頭

罪惡

真的多如恆河沙數
眾生啊
還在貪嗔痴中
悠然嬉戲

一粒灰塵不慎墜入茶杯
難道又是
因果
一分神
佛經不知誦至何處
身邊同修也正急得
交頭接耳

跪——
南無釋迦牟尼佛
南無毗盧遮那佛
南無藥師如來佛

………………
南無文殊師利菩薩
南無地藏王菩薩
南無觀世音菩薩……
唱著　唱著
不覺間
日已西沉

放焰口
幽冥皈依……
施食
有請冤親債主們……
頓時　陰陽　皆
離苦得樂

齋飯清心爽口
魚肉蝦蟹列隊鞠躬

牠們還有下一場
感恩之旅

禮成
法喜充滿的海青
依依不捨互道
珍重再見

涼風習習
這是個沒有星子的夜晚
燈光　自告奮勇
願為護花使者

——「創世紀」詩雜誌

大功德主

所謂的大功德主就是
她
那個面貌並不特別出眾的婦人
我上下左右前後仔細打量著
企圖從她的骨相看出一些
人人求之不得的
富貴

沒有言語
沒有笑容
沒有趾高氣昂
也沒有攜帶任何異於常人的
吉祥

只在廟台百無聊賴地凝視
公正無私的朝陽
她根本不想告訴樓下那隻白犬
有關她難以形狀的鬱卒　直到
咚咚鼓鳴

法會開始
莊嚴肅穆中只見婦人
頻頻招手
一名智障少年垂著口涎
滿場喧嘩
如何？
他還調皮地低首逼問木魚

關切的眼神大批趕到……

所謂的大功德主歉意十足

趕緊將愛兒拉回身邊
哄著　摸著　規範著
小小心心活在當下
連跪墊都看得出　她
膝蓋異常忙碌
表情異常忙碌
煩惱異常忙碌

夕陽西下
磕了數十上百個頭的婦人
深情握著她的龍子
不時顫抖的手
一語未發　精疲力竭地跨出
擁擠的寺門
看　那無知少年
笑得多麼燦爛……

所有浪花流傳著

——記寶瓶獻龍王

出城
夜　領著我們
一種神聖的愉悦
從未有過的　以致
我無法跟路邊野花
説個端詳

前面就是海了
深入　喇嘛指引著
以他蹩腳的中文
往靜處

高處
凸處
哪　就是那塊岩石

波浪拍打著海岸
前仆後繼
它們沒問我名字　住址
以及身分證號
聽濤免費
感想免費

月牙來了　看
星星少許
雲　少許
風　少許
純自然
絕未添加任何防腐劑

啊——
廣大無際的虛空

寶瓶來了　看
獻給龍王的
就在今夜
每個人都恭謹地捧著自己
一顆虔敬的心
萍水相逢的砂礫
也莊嚴立正
旅遊的海鷗主動停止喧嘩
未經授權的蚊子
竟跑到我臂上大快朵頤
這算不算擾民？

誦經
流浪犬也興奮地跟著合唱

祈禱龍王庇佑
國泰民安
我偷偷在心中許願
聲音細瘦
不小心還是被天地聽到……

擲瓶
一個驚嘆號忽地向空中
極力飛出
拋物線降落
叭——一聲尖叫
沈入海底
接二連三彷若跳傘
每乙只寶瓶都是金剛勇士

法喜充滿
現場參與者忍不住訴說

以微微泛光的
淚
所有浪花流傳著
流傳著……

——二〇〇八年芒種，舍兄病危，命在旦夕。友人薦一喇嘛，進言，以珍貴寶瓶敬獻龍王，或可免災。心想，佛家「無我」，不如將小愛擴及衆生，於是欣然納受。某夜，前往近郊海濱舉行儀式，祈求神明庇佑國泰民安，此誌。

今夜不流淚

親自登門
分送有關自己死亡的訃文
以夢
他真的不想活了
真的　我問過
問過他徹底被命運擊敗的
眼神

它也不想活了
日曆哽咽著
臨終留下許許多多
昨日

冰箱裡的雞蛋也勇於
墜地
我來不及叫救護車

終於決定挺身而出
撥通電話　給
太陽
請祂抽空去陪陪那些過度
沮喪的眾生

我也冒昧地寫了一封信　給
未來
請它務必導演一齣受盡磨難
終獲成功的喜劇
優惠厭世者免費觀賞

我還跟一隻斷足貓

簽訂合約
邀請牠全國巡迴演講
今夜不流淚

此外
我還用心準備了美食餐點
跟他們的胃約會
把愛塞在小籠包裡……

有空就去幫他們打掃打掃
住滿塵埃的
心靈

並且　到處探詢
哪裡可以為他們訂做一個
尺寸合宜的
春天

緊緊擁抱我的是……

花殘　葉落　樹倒
滿目瘡痍
我在小園踱著
疼惜著感嘆著憑弔著
無奈著

植物很忙
整個晚上都在忙
忙著迎接隨時可能降臨的
死亡

颱風夜
月亮停止上班

星星停課
百無聊賴回到屋內
怎麼也想不起來
上次把寂寞放在哪個櫥櫃
只聽見　窗外
強風呼呼
暴雨連連
燈光突然閃了幾下
莫非即將斷電
一股莫名的恐懼
湧上心頭……

做什麼好呢？
那些偉人那些寶典
觸手可及　但
我寧願靜靜坐在客廳
發呆

趁機找尋一下失蹤已久的
自己

再也沒人跟我囉嗦
打從親屬相繼過世
如數家珍的　愛
彷若柳絮
都已遠颺都已遠颺
都已遠颺……
屋裡能和我說話的僅剩
時間

夜深了
風雨逐漸加劇
唯一體貼入微
緊緊擁抱著我的是
黑暗

啊——
那些鰥寡孤獨廢疾者
想著想著
一串清淚奪眶而出……

失眠的滋味
要用自己的舌尖
探索
外面風強雨驟
硬是不打折扣
我毅然摸黑起來
叩首　祈神
憐憫一切有情
點到即止
倘若天意難違
點到即止

好嗎？

夜　深了

更深了

還是去散散步吧

太陽躲在樹後
偷聽
花兒在聊些什麼
笑得最開心的那朵
莫非要出嫁？

啊　有張椅子空著
過去坐坐
問問它　脫皮
怎不趕快就醫
蜜蜂
也搶著跟它說話

算了
還是去散散步吧
太陽說
我已習慣沿途贈送
光明

粘板或甜點

嚎啕大哭
攤坐在地上
我感到一種盤古開天從未有過的
手足無措

六隻嬰鼠
體態飽滿屍相莊嚴地列隊
側臥於粘板
粘板
是正常開支外的追加預算
是我親手計謀的陷阱
是益友們提供的良心建言

牠們尚未見識地球上的
花花世界
一出生便巧遇紅塵間的
五毒*眾生
唉——
連燃著的香也鞠躬
奠

何須置於粘板？
如此寬敞界域
我反覆不斷用腳思想
母鼠啊
你以為那是美麗搖籃嗎
還是故意弒子嫁禍
希區考克之夜
登場

無解
一切無解
我只好以居家垃圾處理
一路唸著阿彌陀佛下樓……

撤了
粘板再見
懺悔已是多餘　此時此刻
人死唯一獲准攜帶入棺的僅有
業障
我在佛前面壁
腦袋塞滿了
空

牠又來了　而且
呼朋引伴
既未諮商也沒租賃

最起碼也該打聲招呼
就這麼昂首闊步而過
還囂張地踩了我一腳

唧唧唧
啊　早生貴子啦
這下還得忙著慶賀牠們
喜獲麟兒
坐月子該吃什麼？
我趕緊到超市大量採購
黑麥麵包　五穀饅頭
富含鐵質的葡萄餅乾
供佛的發糕
做過法會的甜點
衷心祝福牠們闔家
平安吉祥
萬事如意

病恙
醫師警告我健康堪慮
鄰居氣得跳腳
夭壽！
還不趕緊將牠們滅掉
和解共生嘛
我說

陽台　廚房　客廳
一連數日都驚見嬰屍
莫非也鬧腸病毒
濃烈的異味將炎炎夏日
淹沒
難道牠們也要過「頭七」？
我得為牠們辦一場
隆重的祭禮

訃聞免了
族繁不及備載
翻箱倒篋終於找到一篇
往生咒*
南無阿彌多婆夜　哆他伽多夜……
磕磕頓頓　瑕疵連連
（新手上路敬請原諒）
但願牠們早日
往生淨土
投胎善類

噢　忘了叮囑牠們
下輩子切勿再來煩我
生死得靠自己
經營

〔註一〕五毒：貪嗔痴慢疑

〔註二〕往生咒：全名「往生淨土神咒」。佛書記載，持此咒須身口意悉皆清淨，虔誠持念，即能消滅五逆十惡等重罪。並常有阿彌陀佛在其頭頂護佑，臨終得往極樂世界。爲了利益那些鼠輩蟲族，我終於學會誦念此課。

白雲深夜突然來訪

白雲深夜突然來訪
成群結隊
嚇壞窗前小花

只是剛巧路過
它說
順便看看那些雛菊
近況可好
平常忙著閒逛
疏於問候

抱歉　抱歉
打擾了你們的睡眠

我知道
你們已習慣了黑暗

坐在均勻呼吸裡

總喜歡望向窗外
昔日

一陣陣帥帥的風
三不五時經過
春秋常來把晤
雨　老愛自告奮勇
教我寫詩
青蛙每晚勤勞演唱
……………

逐漸
我喜歡回到室內
閉目

靜靜坐在自己的
心裡
坐在自己均勻的
呼吸裡

山裡的青蛙

終於逮到機會
山裡的青蛙
一直揪著我的耳朵
喋喋不休
除了吹噓牠對這塊土地的
豐功偉績
還責怨我不常去牠家坐坐
聊聊
難怪動輒血壓飆高
骨質疏鬆
戰勝疾病的秘訣即是
不時地　動
瞧

牠正在熱心示範
前面那棵老樹最近
添孫
牠邀我一起前往祝賀
順便會晤一下
漫山遍野的盎然綠意
不准藉故推託
牠以超高分貝展示牠的
霸道
走吧　牠又下令
原來是要帶我去參觀
牠的洞房
那位喜上眉梢出來迎接的
想必就是牠的最愛
小倆口不約而同留我午餐

牠們一致推薦該處
山明水秀
每樣食材都是珍饈
誰能拒絕如此難得的
視覺饗宴
一隻蝴蝶笑著飛過
牠　可是今天的陪客？

——曾刊於「創世紀」詩雜誌

眉開眼笑

人們欲求的無非是
富貴
做為一株牡丹
我的責任便是
賣力綻放

為了能讓賓主歡喜讚歎
時時刻刻我都在檢視自己
體態是否豐盈
姿色是否出眾
眉開眼笑
終日不敢倦怠
即使陰雨

即使夜晚
即使餐點不合味口

不能說的秘密

月亮依舊興奮地
爬上樓頭
依舊美麗地向觀眾微笑
渾然不知自己已經那樣
老邁

我敢大膽斷言　她
從未注射玻尿酸
也未使用胎盤素
更沒聽過什麼
豐乳　肥臀　墊下巴
削骨　拉皮　抽腹脂
訂做一個嘴唇

拷貝一張臉蛋
⋯⋯
她只懂得相信自己
相信自己的毛細孔
舉世無雙
看啊　沒關係
你可以再靠近一點
她說
我就是自然美的保證

好東西要跟好朋友分享
告訴你一個
不能說的秘密
色戒　以及
心靈整型
是一定要的啦

——「創世紀」詩雜誌

我的雙眼走著走著

我的雙眼走著走著
不經意闖進一處
人煙罕至的
世外桃源
地址　竟是
我多年疏於造訪的
襯衫

偷偷捶了我一下
從背後
誰？
原來是隻貍花貓
湘繡

高學歷的水晶盤誠實聲明
不曾留學德國
多年來一直和嫁到台灣的
紫砂壺同居
它倆鶼鰈情深
從未發生齟齬

牆上始終不願遷居的
白
專門治療時間的
妄想症

奇異美術燈
自幼嗜食
光
葷素不沾

從不請人上館子

遇見土耳其
在客廳
一方小小地毯
夙夜匪懈研究著　門上
隱含玄機的八卦

我的雙眼走著走著
書櫃裡的佛經熱情地在
招手

好累
先歇一會兒再說

我只是想請妳幫忙
為這隻上了年紀沒人照料的

蠹魚
找間安養院
正在坐禪的六祖惠能
忍不住清清喉嚨

——「創世紀」詩雜誌
——「New York Community Times」轉載

只好悠閒

從來不知自己如此走紅
每當打開信箱
連殯葬業都熟悉他的
尊姓大名
四季請安晨昏頂禮
唯恐他死得不夠體面

已把陽春麵改吃小碗的
中年失業者午夜猛然驚醒　問
親愛的
可不可以把我的　夢
也改小一點

他終於學會不再偷偷哭泣
因為淚價大漲
他甚至命令么兒
不准掉一顆牙

他天天卜卦請示諸葛孔明
有何尖端戰術可以打敗
柴米油鹽

他也苦苦哀求　時間
能否看在他忠厚老實份上
出具一紙證明
證明他依舊生龍活虎

螻蟻建議他去找找青天
青天「眼疾中」
他只好在屋簷下悠閒

只好
一隻看來頗為失意的麻雀
無精打采歸巢
眾聲啁啾
鳥窩裡一家老小全仰望著牠……

快樂的長相

終於見到快樂的
長相

看　那些葉片
每天都在快樂長大
個個眉飛色舞

看著看著
一個苞
啵地一聲綻開
赤裸裸的
嫩

嗯——
說不出的好滋味

——「創世紀」詩雜誌
——「New York Community Times」轉載

我們一起去聽濤

有人坐禪
噓——
水　輕輕流過
風　微微吹過
岩石繼續午睡
走
我們到別處看看

獼猴霸佔了所有的
鳥語花香
夕陽不敢抱怨
只好偷偷美麗

咖啡與夜晚沈浸在
海誓山盟中

小徑寂寞
忍不住淚灑苔階
路燈
終於鼓起勇氣說
我們一起去
聽濤

風景早在林中等候

來遲了
風景早在林中等候

過重的歷史不要攜帶
領隊說
關節炎無法拋棄
肥胖已經確定
將與我們同行
勇敢得多帶些
以備不時之需
路上蟲多
偶而還會出現魑魅魍魎

美
就住在山頂
但無捷運
你得自備腿腳
為了趕上時代脈動
近年它也開放預約
意者請洽
雲

荒山野地
途中僅有一家客棧
只能供應簡陋食宿
據說開張以來
從未發生過菜單革命
總是炒盤月亮
燉鍋星星
蒸點花草石子什麼的……

奇怪的是
從未有人因不滿而提出控訴

而且
那兒沒有卡拉ＯＫ伴唱
旅者幾瓶啤酒下肚
禁不住都會忘情地哼上兩句
縱使五音不全慘不忍聽
各位　千萬千萬不要報警

對於八方遊子服飾的奇顏異色
切勿大放厥詞
聊聊銀耳煮湯該放多少冰糖
或許可以暫避辛辣

噢　中午時分
太陽往往過度囂張

別太驚慌
那只是躁鬱症的經典演出
鬧得過火
月亮自會出面制止

而你
當下唯一要做的是
出發

——「創世紀」詩雜誌

【附錄二】

煮字原來可療病

——評介劉小梅詩集《種植一株寧靜》

詩論家 須文蔚

詩人劉小梅推出第六本詩集《種植一株寧靜》，轉換風格，從過去寫實為重心的筆法，轉向抒情、浪漫與禪意濃厚的東方思維中，不直接撞擊批判現實，但是帶來更深刻的詩行。

引禪入新詩，從五四開始就有不少詩人嘗試。如廢名詩中充滿機趣，不拘於實際境相，以生辣奇僻的語言，帶出禪意忘我的開闊世界；或如宗白華的小詩靜謐幽靜、超曠空靈，充滿了微妙至深的禪意。劉小梅過去就曾以《心經》入詩，在這本詩集中，則試著以跳躍、靈動的思維寫道：

想在齒縫中種植一株
寧靜
種籽何尋

突然
一粒
空
由佛經姿態優雅地
躍出

——〈種植一株寧靜〉

相較於前人以白話詩書寫現代禪門公案，劉小梅似乎志不在此，頗有援引禪意為一帖藥方，雖說「須彌藏芥子，芥子納須彌」，在齒縫找種籽以求天地的寧靜，看來是可行的，但是世局紛亂，語言毀壞，以比一粒「芥子」更抽象的一粒「空」治癒現實環境中充斥粗野無文的媒體與語言，看似更為可行。

對照另一首小詩：「殺人放火／以嘴／最好的消防政策是／沉默。」（見〈生活協奏曲〉之三十二）不難看出劉小梅認為，目前的媒體不僅僅言不及義，簡直就成了江洋大盜，至於對抗的方法不是媒體改革，也不是示威抗議，而是「沉默」以對，表面上看似消極，其實「絕聖棄智，大盜乃止」，不要把媒體名嘴與政客視為救世主、智者或是賢者，對應亂世以沉默、寧靜甚至空，反而是更適切。如是觀之：

抽空探視老友
他最愜意的近況是
聾

——〈生活協奏曲〉之六

在悲哀中，其實自有一種曠達的機智在。

由於劉小梅越來越能掌握詩的抒情聲音，盡量擺落任何的詞藻裝飾，省略對於事物的細微末節的描寫敘述，轉而追尋一種能在一剎那間產生動人的力量、給人一個完滿豐美的詩的經驗的藝術效果。在古典詩中，我們都熟悉這樣的句子「鋤禾日當午，汗滴禾下土，誰知盤中飧，粒粒皆辛苦」，同樣憐惜農人，劉小梅以五行寫道：

掏洗一鍋米
彷彿在擦拭一位位農夫
面上的塵砂
時代的脊柱
嚴重側彎

——〈生活協奏曲〉之二十五

她轉化了「盤中飧」的意象，而代替以掏洗一鍋米，誇大洗滌每一粒米，彷彿為農夫擦拭汗水與塵土，取材人們再熟悉不過的家事，卻能在極短的時間內產生感人的同理心，更進一步把鋤禾彎曲的身影與時代的脊柱等同觀之，意在言外地哀嘆時代價值的偏斜，令人動容。

閱讀《種植一株寧靜》，不難發現感嘆時間的流逝，成為反覆出現的旋律。張默就曾舉：「白髮來敲門／我請它稍待／它說快點快點／我還要挨家挨戶去送／老」一詩，認為劉小梅能充分運用平凡而轉折的生活語言，以戲劇性的裂變，創作出生動的詩篇。不僅如此，如果說詩可以作為醫療人們憂慮人生短促的藥方，那麼劉小梅在書寫哀樂中年的同時，更試圖動員文字、趨向生命內容與本質之情，以文字暫停時光，追求永恆，我更喜歡這樣的描寫：

時間
打著一把白傘
靜靜坐在庭院
我強忍住咳嗽
唯恐嚇跑它的
背影

——〈生活協奏曲〉之九十四

劉小梅揭露人們畏懼時光流逝的共同感受，用詩行展現出奇妙的、超越現實的情境，讓時間留駐在庭院中，小心翼翼的噤聲，無非是想趨近永恆的情懷？

李瑞騰教授曾說過：「我希望現代小詩，能和古代近體詩中的絕句，詞曲中的小令，在中國詩歌文學中鼎足而三。」從《種植一株寧靜》詩集中一篇篇精采的小詩中，卻能看出現代詩人如果能掌握古典詩詞的抒情傳統，又兼能從現代生活中抽繹當代人的共感、生命情懷與生活意象，自然能創作出醫治時代之病的「藥方」，且看劉小梅說：

驟雨
篡了陽光的位
時間遂變得黏膩不堪
煮一鍋文字
趁熱吃
醒腦

——〈生活協奏曲〉之二十二

在煮字不能療饑的年代，她細細為時代把脈，努力經營更為不凡的意象或能克服語言的粗野、城市生活的忙亂乃至衰老的恐懼，讓人驚覺：「煮字原來可療病。」

——曾刊於「文訊」雜誌

【附錄二】

探索生命的深層意義

——讀劉小梅的〈我的雙眼走著走著〉

詩論家　落　蒂

一、詩選

我的雙眼走著走著
我的雙眼走著走著
不經意闖進一處
人煙罕至的
世外桃源
地址　竟是
我多年疏於造訪的

襯衫
偷偷捶了我一下
從背後
誰？
原來是隻貍花貓
湘繡

高學歷的水晶盤誠實聲明
不曾留學德國
多年來一直和嫁到台灣的
紫砂壺　同居
它倆鶼鰈情深
從未發生齟齬
牆上始終不願遷居的
白

專門治療時間的
妄想症
奇異美術燈
自幼嗜食
光
葷素不沾
從不請人上館子

遇見土耳其
在客廳一方小小地毯
夙夜匪懈研究著　門上
隱含玄機的八卦

我的雙眼走著走著
書櫃裡的佛經熱情地在
招手
好累

先歇一會兒再說
我只是想請妳幫忙
爲這隻上了年紀沒人照料的
蠹魚
找間安養院
正在坐禪的六祖惠能
忍不住清清喉嚨

——原刊《創世記》一五五期

二、詩的主旨與內涵

〈我的雙眼走著走著〉，從題目一看就十分新穎生動。

雙眼是用來看的，例如閱讀就要用雙眼，看風景要用雙眼……。顯然作者是透過雙眼的移動，看到了一連串的景物，如同人們的閱讀，從一段文章，移動到另一段文章，作者的眼睛，從一件事物移動到另一件事物。

所以，作者的雙眼，從襯衫移動到湘繡，再移到紫砂壺，然後是牆上的白，然後是奇異的美術燈，地毯、八卦、書櫃、蠹魚，這樣閒散的欣賞，作者自稱是「我的雙眼走著走著」，妙而有趣。

這樣閒散的欣賞，再加上一些欣賞時的記憶、心情，就完成了一首順手拈來的好詩。這就是美的創造，一般人以為詩在不可攀登的高處，不可抵達的遠處，其實詩就在你日常生活的近處。作者眼睛「走到」的地方，無不是日常生活的起居室、臥室、書房，如此而已。把這些習見，甚至視而不見的東西，從審美感知出發，重新賦予新的意義，竟然跟作者產生了新的關係。

這些東西是實的，但經過作者心靈慧眼「虛」的透視，因而產生了實中有虛，相映成趣之美。在比喻的應用方面有單一的比喻如久未穿用的襯衫，擺處形容為「人煙罕至的世外桃源」，有繁複比喻的「水晶盤」和「紫砂壺」的同居，其中「它倆鶼鰈情深」，暗示物不相互排斥的屬性外，也暗示作者對某種生活的渴望。

讀這首詩，心境十分重要，要和作者保持相同的閒散心境，如同作者在物與物之間溜達。作者要從無意識中間，進入一種有意識的用心觀賞，讀者也要隨著走了進去，這樣才能放棄一般人對在日常周遭的一切，視而不見的壞習慣，而接受另一種現實，一個虛擬卻又實在的存在。

它之所以給人新穎而且意外的不同感，因為它不是因襲——把眼之所見，耳之所聞，直接轉譯為文字，而是一種創造，詩中每段敘述，都是事實，但也有虛的部份，如「偷偷捶我一下／從背後」，一隻湘繡的貍花貓，竟然會對作者從背後偷偷捶一下，其與事實的反差效果，有了變化開合之妙，相映相生之趣。

這首詩的完成，完全靠心境，因為全詩眼睛所到之處，完全在自家，是個人的活動，沒有與外人任何聯合或協作，是氣定神閒，節奏與呼吸合拍，看的速度均勻，有一種自然的節律在控制著，作者彷佛遵循著一種玄祕的軌道，暫時告別身邊的現實，進入另一種存在。那是一種由單純的材料，日常忽略的周遭事物，所匯聚出來的一種逼作者頓悟的材料。

因此，詩中出現眼睛走到「書櫃裡的佛經」，走到「為這隻上了年紀沒人照料的蠹魚，找間安養院」，藉此產生的人生頓悟，才是眼睛走著走著，所擦出的生命火花，讀者閱讀時的主要著眼處，與所要探知的中心內涵。

三、中國詩詞中的孤旅書寫

王安憶在論卡繆的〈靈魂之死〉時說，卡繆寫的正是中國詩詞裡常有的「孤旅」。「孤旅總是能夠引發情緒和思索的。懷想與瞻望，常常是發生在這個節骨。天地之渺茫，人生之無奈，也多是顯現在這個時節。」王安憶補充說明。

而本詩作者，表面上寫眼睛到處「走走看看」，但骨子裡正是寫她的寂寞心情，寫的正是她內心之中的孤寂。孤寂時沒有辦法，只好看看「多年疏於造訪的襯衫」，看看家中的擺飾「湘繡」中的貍花貓……。

在詩中，作者把心中的孤旅愁煩推至「陌生、隔絕、茫然、寂寞、空虛、暗淡」等情緒之中，甚至把情緒推到生命的空無之極至，想到年老時如「蠹魚」，需要找一間安養院，需要像禪宗大師惠能一樣看人生「本債權人無一物」，如此的書寫，把抽象的人生體驗，化為可感的文字詩篇。

作者心中有許多難以言傳的人生感悟，此時藉著眼睛看到的東西，把心中的無形元素，加一些添加劑，使之顯形，甚至激發出別種反應的元素，努力將心中的實感，以種種虛構的方式，或隱喻，或暗示，努力把這種看似空幻的思想，清晰的描寫了出來，甚至於許多看似說不出來的，都說出來了，例如第四段「牆上始終不願遷居的／白／專門治療時間的／妄想症」，多麼私祕的內心，直接明白的袒露了出來。

就這樣的，作者以一首苦悶孤旅的詩，把生存困境，推到極致，這種直接向絕望核心書寫的方式，而表面竟看不出其苦悶孤寂，甚至以為作者日常生活十分閒適，那就是真正藝術完美的手法。

作者的手法頗似瘂弦「甜是他的語言，苦是他的精神」，讀此詩讀到最後，感覺竟不是甜美和溫馨，而是變成有許多細細的針，在刺痛著讀者的每一根神經。作者這種人生體驗，茫然向人生極處，人生邊緣前進的體驗，幾乎寫出多數人無法說出卻相同的體驗。

四、使詩味加深的手法

此詩初讀，看似平凡，但在平凡中有許多加深詩味的手法。例如看到多年未穿的襯衫，作者說是闖進了人煙罕至的世外桃源，暗示自己久已疏於打扮，如此一來，可以引發讀者多方推測，增加想像空間。例如：為何久不打扮？

第二段則在平凡之中，添加了趣味性，看到湘繡中的貍花貓是普通事件，有時甚至視而不見，如今牠竟偷偷在背後捶我一下，讓人意外，小說中常以意外的驚喜吸引讀者，詩當然也可以，而此處情節的發展，還是頗符合因果關係，符合邏輯，為什麼？因為作者已長時間「視而不見」，如今突然引起注意，如同捶了她一下，也正是心情矛盾、茫然的書寫。

第三段寫水晶盤和紫砂壺的鶼鰈情深，也是孤旅詩中，暗示、擴充的很好手法，以此來告訴讀者作者生活的孤單，竟不如兩個物件，表面未寫人生之悲涼，而悲涼已自詩中升起。人不如物，多可悲啊！

我們不必細細去分析每一段，但讀者若細心體會，就會發現作者設計的平凡書寫中，每一段都會有一些新的暗示加進來，這樣平凡的詩句，就會起了無限的變化。這就如同好的小說家，把普通的故事，平凡的人物，一般的情節，加以變化，深入，讓故事從普通中升級為不普通，因而深深吸引讀者。任何寫作者，均不可忽略讓故事升級之重要性。

五、詩中的深層意義與指涉

詩中的表面意義，好像十分輕鬆閒適，但它的深層意義和指涉，卻讓人感受到人生的荒誕與虛無，從書櫃中的佛經和蠹魚，以及安養院和坐禪的六祖惠能，從中讀者可以體會人類生存本身的毫無意義，遂被一種悲觀無助的情緒籠罩在生存問題之本身上，無法解開。

「虛無不再是子虛烏有，也不再是不存在，它變成了存在，它聳立著，它以微不足道深入一切存在之中——儘管它的存在是毫無必要的。」（列夫．舍斯托夫〔lev. Shestov, 1866-1938〕：《曠野呼告．無根據頌》〔Kierkegard and the Existential Philosophy & the Apothesis of Ground Lessness〕，方珊，李勤，張冰等譯，上海人民出版社）從詩中，虛無主義在作者詩中，悄悄出現，表面說不出其來源，卻是從骨髓中悄悄的展現出來，也就是這種人生的空無，從作者生命的深層意義中顯現，讀者看似蜻蜓點水，眼睛如同走馬看花，卻另有指涉在其中。

有人從戰爭中，感受到生命的荒誕與虛無，那是面對滅絕人性的戰爭殘酷本質自然產生的。然而，作者只有面對人生的寂寞、無聊，也會產生那種生命的空茫和無奈，也許只有愛默生所說的：「我的寂寞不是來自面對高山大海或茫茫無際的沙漠，我的孤單來自面對成千上萬的人群。」那種內心深處的寂寞。

因此，我們可以讀到作者企圖把卑微小人物的荒誕與虛無表現出來，而不是只有所謂大人物才會有此種生命的感觸。作者利用此詩，暗示了許多人都會有的生存困境和精神困境，同時展現了詩人的悲憫情懷。

六、結語：深度想像，內在空間

這種詩之所以耐讀，在於它有表面結構和深層結構兩種句法，如同河流，表面平靜的河面，內在卻是洶湧異常，游渦處處的伏流，更如同冰山，只露出表面的十分之一，而內在的十分之九，正是讀者再三深究的趣味之處。

瘂弦在《中國新詩研究》中說：「生活的深度就是詩的深度，沒有生活就沒有詩。」證之劉小梅這首〈我的雙眼走著走著〉，誠不虛言，此詩正是從日常生活中提煉礦源而來，但是令人驚奇的是它不是來自什麼轟轟烈烈的生活，而是來自非常普通平凡的生活。

最令人意外的是，此詩沒有一般現代主義作品，讓人一看就是表達生存的危機、表達人類的瘋狂和迷亂、表達人類社會給人的壓抑、表達人類無法滿足的變態和欲望，甚至對人生的空虛和無聊進行批判和拷問，它沒有，它只有在深層意義之間，指出人類生存的本質就是虛無，就是沒有意義。甚至於說是生下來就是等待死亡。一切都是空的，佛經能告訴我們嗎？蠹魚能告訴我們什麼？養老院能告訴我們什麼？六祖惠能又能告訴我們什麼？

詩人的感觸也許和所有人一樣多，但這麼多的感觸，可以寫成百萬言的書的內容，卻要用一首短詩來表達，就只有以「深度想像」來完成，把意義存在「內在空間」之中，如果讀者讀不出其內在指涉，則本詩非但無聊而且無趣。

聰明的讀者，你不妨重複、深入的再讀看看，我就不在文法修辭、寫作技巧之層次上嘮叨了。

——《創世紀》詩雜誌一五六期

【附錄三】

暗香疏影中她拎著受傷的地球疾步走來

詩論家 陶保璽

——兼論劉小梅以新聞題材入詩及其語言策略

「當今中國文壇充滿了只有感覺而沒有感動的作品，連外在遭遇的命運的感動都消失了，而那些能讓人在良心深處產生巨大震撼的作品幾乎蕩然無存了」。這當兒，詩人劉小梅，恰恰為我們送來她那以其全生命的投入，內蘊著藝術感知和審美表達力而又足以能展示對人類情感世界，有著精微體驗力並且能撞擊人們心弦，足以令人內心深處為之感動的一卷卷詩歌藝術精品。

作為廿世紀九〇年代才步入詩壇的女詩人劉小梅，她既不把詩創作作為「稻粱謀」，更不去迎合主流意識為「走紅」而寫作，她漠視任何政治背景，而以獨立的身份和獨具個性的聲音，憑藉自己的人格力量和聖徒般的情愫，對社會生活表現出強烈的關懷，體現出對人類所面臨的生存困境和生民所遭遇的種種苦難，執有著鮮見的良知與難得的悲憫。

劉小梅的詩，意象澄明，語言瀏亮，風格素樸，在獨抒性靈中，力避天馬行空，言之無物，而閱盡繁榮歸於平淡的藝術境界和雅而不矯，美而不膩的靈動風采，吸引著廣大讀者的目光。

低吟淒楚的慢板，去喚醒病入膏肓的地球

劉小梅在短短幾年間，連續出版了她無一篇重覆收錄的多本詩集，而且每一本的印行，都能引起台灣詩壇的關注，乃至詩評界的青睞。其根本原因究竟何在？

其一，劉小梅早已將自己的一生託付給詩之女神，更何況，她早將北宋哲人張載（1020~1077）的名言「為天地立心，為生民立命，為往聖繼絕學，為萬世開太平」當作自己的座右銘呢！由此可見，這就是劉小梅為詩打拼的動力源。

其二，劉小梅在二〇〇二年五月五日所寫的一篇短文中曾說：「不為獎而寫，不為紅而寫，不為頭銜而寫，不為稿費而寫，只為寂寞而寫。不炫神來之筆，不刻意「後製作」雕琢，一切都是心情的反照。」還說，「我寫詩，是因為它是人生無助時，最好的抗憂鬱藥。」兩年後，在二〇〇四年七月廿八日，她為詩集《刺心》撰寫自序時，更加強調：「我寫詩的態度，一言以蔽之，那

就是『拒絕主流』：拒絕為『諂媚評審』而寫，拒絕為『銷售業績』而寫，拒絕隨『偶像』的指揮棒起舞。

劉小梅的這些陳述與表白，其思想內涵及精神指向是顯見的。她猛烈抨擊時弊，絕不讓自己與社會「主流」同流合污；更不去隨波逐流或追風趕潮。其實，在人類社會裡，在各階層和各種利益集團共生並存、紛然雜陳的現時代，劉小梅所張揚的拒絕主流精神，不僅展示出她作為詩人的「個性」風采，（「『個性』是成敗的主要關鍵」——尤其是對藝術創作者而言！）而且更昭示出她超然於黨派政治之外，心甘情願的為弱勢群體，為伸張正義而歌而泣而獻身，這其間便潛藏著無比的創作能量。

我認定劉小梅是一位信奉「文學是人學」，「詩歌即情學」的詩人。而這類詩人的生命潛能，往往都置根於社會生活的最底層，其脈絡則與廣大民眾緊緊相聯。這就註定他（她）們足以能書寫出無愧於時代，無愧於歷史，無愧於民眾所期待的那種燦爛詩篇。

劉小梅筆下那些優秀詩作，或者說那些足以撼人心魄的力作，乃是本人及其父輩曾經歷煉和遭遇到的生活磨難、重大挫折、身處逆境、向死而生，生命在危機中、靈魂在震顫中，堅守、突圍，然後終歸出現轉捩的難忘記憶的一種激活，或者說攙和了現實感觸之後的一種記憶中情感流變的複製與創造。這大概就是人們通常所說的生命體驗及靈魂搏動所造成的情感記憶之深厚儲備了。

現在，我們就來看看劉小梅這類閃光的詩作。

「愛情比角膜更易發炎／帳簿裡的溫柔越提越少／相思的利率過低已不足維生／寂寞正為即將失業而顫慄不已∥饑渴的樹買不起一杯冰沙／憂鬱的雲因朝野角力而欲哭無淚／青春彷若播報完畢的廢棄新聞／眨眼即成歷史。」《午後四點零四分》節錄）這些詩句中所透露出來的情緒，不僅含有詩人對自身處境困厄的感喟和深感青春易逝的哀怨，更有著置身於「朝野角力」無休止爭端這種大環境、大氛圍之中的無奈與憂心如焚般的焦慮。值得首肯的是，這種情感的捕捉並進而熔鑄為詩來加以彰顯，它既具有鮮明的個性化風采，又具有更為廣泛的普遍性和典型性。

「抗議聲此起彼落／憤怒／已成時尚」。（〈生活協奏曲〉之一）「步步驚魂／窗外黑影騷動／……／最近流行什麼／——花容失色」。（〈生活協奏曲〉之二）「高樓林立的大道／一群穿着光鮮的人們／茫然走過／攜帶著他們的／時代」。（〈街景〉組詩之59）「槍擊案後／血染大地／救護車呼嘯而過／載走整街的／眼神」。（〈街景〉之63）「殘忍／溢滿螢幕／人命比一斤蔥廉價／破案／得等時間旅行回來。」（《紅塵速寫》之二）「不敢獨自站在真理的一邊／那不是流行款式／會遭受眾多目光質疑」。（節錄自〈午夜即興〉）

「正義的呼聲／遂變得氣若游絲」，「亡者僅能任憑化妝師偽造美麗後／按照導演的嚴謹製作違心出場／同情之淚已進步得可以科技操控／按鈕即湧／一齣精緻悲劇／……」（節錄自〈船過水無痕〉）

顯然，上面引錄的諸多詩句，出自作者寫於不同時期並出版於不同年代的多本詩集之中。但它們所蘊含的思想指向和情感質素卻又是極其鮮明。從中尤可見出詩人劉小梅在經濟大潮洶湧，各種思潮聲浪澎湃的背景下，堅守著人文精神的家園，並展現出作為詩人應有的良知。

在〈沒有你的夜〉一詩中，她寫道「現在流行生物科技／卻沒人投資研發／『抗寂寞』藥／也沒有先進儀器／能一舉將寂寞震碎／如用碎石機震碎腎結石／一生榮寵幸福的諾貝爾獎評審／自然也不會理解／沒有飛彈銀彈做後盾的詩人的寂寞。」在同一首詩中，她還反覆吟到：「怎麼又寫寂寞／本想拯救宇宙的」；「怎麼又寫寂寞／本來我真的好想好想／以熱唇吻醒／這病入膏肓的地球」。

作為詩人，作為弱勢群體的一員，劉小梅毫不例外的有著她脆弱的一面，而我們所欣賞和端羨的乃是，她毫不軟弱和絕不退縮的卓絕精神。正是在這樣的堅守中，劉小梅表現出敢於承擔抒寫和塑造思想與靈魂的責任，從而展示出真正人的「全部的尊嚴。」毫無疑問，劉小梅通過她的詩所展露出的絕不放棄自己宏偉理想和高潔品格，絕不停止對人類生存危機與精神家園的凝視與關注，這種倔強的精神質素和堅毅的人生信念，實際上亦是詩人自身生命價值的體現。

在一首題為〈寫真〉的詩中，劉小梅這樣寫道：「拋開作習表／流浪去／……／所謂社會現象就是／每一根多少都帶著點側彎的脊椎骨／恓恓惶惶地／在演出／他的茫茫然」。這是該詩開頭和結尾兩節，讀著它，能不產生不寒而慄之感嗎？讀著它，怎能不同樣恓恓惶惶啊？人類社會發展到今天，竟有那麼多人的脊椎骨是彎曲的，竟有那麼多人因喪失精神家園而飄泊流浪，竟有那麼多人對未來生活感到茫茫然。世界文明究竟怎麼啦？人類世界的發展到底出了怎樣的問題？這是些非常嚴肅而又極其複雜、極其難以回答的課題，然而它同時又是極其嚴峻而每個人又不得不必須去面對的事實。

這裡，我們所感受到的劉小梅的詩，實際上是在嚴酷拷問自己和人類的靈魂。豈不是嗎？在現代社會各種巨大壓力下，要想昂昂然挺直腰桿做人，真的是談何容易！甭說是在政治高壓和極權主義氣焰囂張的國家或地區，就是在自由民主高度發達，人權得到充分保障的國家或地區裡，要想使每個人都能堂堂正正挺直脊椎骨做人，又談何容易！

劉小梅詩的思想深度及其對人類文明所做的透視與警示，在人類生存危機的血色中，光彩奪目的閃射在廣大讀者的眼前。同時，它還以巨大的感染力使人深省，使人奮起，使人血脈賁張。

劉小梅畢竟是孤獨而寂寞的。她清醒地意識到自己的生活處境與精神苦悶。在〈夜雨〉中，她筆墨沉重地寫道：「失眠絕非預謀／記憶如流感病毒迅速擴散」，窗外雨聲「是在伴奏我寫不出詩的焦慮？」「我的詩遂被詮釋成淒楚的慢板」。是啊，這裡所說的「淒楚的慢板」，是以血淚的音符構成和弦的。它恰恰正是劉小梅近年來多冊詩集的「主旋律」。

弄清並把握了這一關鍵，才能去真正解讀劉小梅，為什麼會用那麼多筆墨去書寫和展示戰爭、自然災害、環境破壞和由於多種欲望的膨脹而帶來人性嚴重扭曲諸多社會亂象及精神桎梏？為什麼會高張拒絕主流、鄙夷時尚的旗幟而頂住巨大壓力，以詩為利器，去探討人生、人性、生死、靈與肉、個人與社會、理想與現實，奴役與自由等一直困惑著人類卻又難以尋求答案的命題與哲思？

信手拈來生活圖景，去和自己的靈魂繾綣

劉小梅的詩作，着實是生命寫作。

所謂生命寫作，是指詩人或作家本著社會良知和歷史使命感，敢於面對尖銳而敏感的社會人生問題和種種境況，敢於表現和展示諸多為一般人所不敢或不願觸及的歷史積弊與現實憂患，同時還敢於無所諱忌地為揭示真理而言他人

所不敢言者。

我們便擬從題材的選擇、構思的新奇，以及她獨特的語言策略和詩體創造等方面，來加以論析並略作闡釋。儘管這也只是一種管窺蠡測，但畢竟窺一斑可知全豹。

(1) 關於題材的選擇

顯然，劉小梅的新詩寫作，多新聞題材入詩。她善於通過廣角鏡頭的長推短拉，將各色各樣的人物和場景清晰的收入她的視野，並將她所掃瞄到的社會各個角落的時代歷史風貌經過一番精心製作，爾後凸現在讀者的眼前。對此，我們只要去仔細讀讀她的詩集《雕像》中的部分詩篇和《今夜有酒》之卷二、卷三，便會一目了然。尤其是當你打開她的詩集《刺心》時，只需翻閱一下它的目錄，便會情不自禁地拍板，上述指認與結論，沒錯！因此有些論者，連同詩人自己，便乾脆將這類詩作，稱之謂「新聞詩」了。

劉小梅的成功，恰恰就在於她「心靈的瞬間感覺，」經由某些新聞「事件」震動後，迅速爆發為詩的靈感，並隨之對其進行頗富詩意的直接而充分的表述。不僅如此，她還借此途徑，以「放眼天下」讓自己的寫作「由書寫身邊瑣事，拓展而為關懷眾生」，並進而「憑借一雙敏銳的眼，一顆柔軟的心，一枝創意的筆，將一樁事或一個對象，勾勒得傳神而不失真」。同時，再和她所關注所貼近所描繪的原新聞事件中的「眾生」，去「一起寂寞，一起滄桑，一起走過這個時代，……」這樣，劉小梅的詩，也就自然成為社會真相的顯影，時代風貌的見證，歷史事實的錄像和人生幽微的素描。也就是說，具有了某種「史詩」的價值。

這樣，劉小梅便自然巧妙的在她新聞採訪所獲得的人生個案中，揉合進自己「閱察後的主觀認知」，並將自己對社會人生的深切體驗和經由直感，所激起的情緒灌注其間，再以富於韻律及節奏感的語言形式，去「創造出令世人有感的詩作」來。

即就詩集《刺心》而論，粗略統計便會發現：副標題標明「為……而寫」者就多達57篇；標明「側寫…」者亦有10篇之多。諸如〈胎教——為一名戰地記者的懷孕妻子而寫〉、〈冷啊——為一名被施毒過量致死的應召女而寫〉、〈我也有一朵康乃馨耶——為一名被子女騙光積蓄的棄母而寫〉、〈油鍋已在喇啦響——為一條「現宰活魚」而寫〉等等。這些詩篇雖然寫的都是極其個別特殊的人和事，但它們所顯示出來的悲苦命運和生存危機，以及現代社會將善良人性扭曲到使人目不忍睹的慘烈程度，着實都足以撼人心魄，催人淚下。一句話，詩的情境，有著巨大的藝術感染力。

而〈約會——為一名猝逝學童的父親而寫〉、〈未經彩排的戲碼——側寫一批被強制拆除的「違建戶」〉、〈三十八家工廠——一個「應徵員工」的故事〉、〈意外的見聞——為一群慘遭蹂躪的螃蟹而寫〉等諸多篇章，讀來亦同樣令人心悸。詩中所顯現出來的社會生活的冷酷與嚴峻，及其所折射出來的現實生存境況的普遍性和某些人的心理變態，該有著多麼廣泛的影響而令人深省啊！應該説，這些詩都寫得很有重量。它們既具有很強的思想衝擊力，又具有扣人心弦的藝術魅力。

新聞事件的普泛性和廣為人知與詩歌藝術所憧憬的陌生化；新聞事件的易逝和功能的速朽與詩歌藝術所追求的永恆生命力；新聞傳播的快捷和它的時尚性與詩創作所期冀的思想深度及歷史高度。這實際上是兩種不同體裁樣式之間的本質差異問題。所幸劉小梅的創作實踐，清晰的突顯出她在解決這些矛盾方面，儘管還存在著多種不足與薄弱環節，但她畢竟為我們積累了「三大法寶」。

法寶之一，便是劉小梅擁有「拒絕主流」的思想武器。有之，則不會為時尚所迷惑，所役使。

法寶之二，則是劉小梅矢志不渝地堅持詩的「生命寫作」，她以其作為體察、感悟、審視和觀照人生的基點。

法寶之三，乃是劉小梅善於將具有公共話語特徵的新聞題材，打上獨具「劉氏個性」和生命本色特徵的戳記，從而讓其成為風采獨秀的詩的精品。

(2) 關於藝術構思

無論詩人是寫日常生活情景，還是寫自然或社會風物，抑或直接抒寫抒情主體剎那間的思想閃光，或瞬間的微妙感受及點滴經驗，其間都必然有著詩人的情緒流變和充沛的想像力與之相伴。

顯然，劉小梅的詩是非常講究藝術構思的。而且，她對上述兩個關鍵環節的把握，還充分展露出新、奇、巧的鮮明特點。因此，她的詩雖然多寫眾多詩人所共用的題材，但卻能言他人之不能言者，使其離絕凡近，不落俗，出奇制勝，震撼人心。這裡，我們先來讀讀她的幾首短詩——

「以乳溝供銷產品／以臀浪招攬顧客／以笑渦創造業績／以玉腿經營生涯∥在這枯燥乏味／挑戰人類疲勞極限的高速路上／衷心為她們祈禱／紅顏／別老」（〈檳榔西施〉，《雕像》第一四五頁）

「百合花集體移民到／少女的衣衫上／她們也正經八百地／讀起泰戈爾的詩來了」（〈街景〉之21，《影像的約會》第82頁）

「將你的青春／浸入福馬林／做為我永恆回味的標本∥將你的溫柔／裹成木乃伊／置於我不對外開放的心室∥將你的滄桑／冰存零下攝氏十八度／做為我雕像塑模的藍圖∥將你的名字／裝進時空膠囊／飛越千秋萬代物質不滅」（〈許你一個未來〉，《雕像》46-47頁）。

可見詩人在對「客體」檳槍西施進行觀照並加以表現時，她所選擇的視角，乃是畸形社會造就了畸形行業和諸多畸形的人物。人生的嚴峻與現實的冷酷，盡在不言之中。難得的是，在慨嘆之餘，抒情主體還藉著痛切的祈禱，使自身亦得以詩化。其人格魅力和悲憫情懷，同樣力透紙背，躍然而出。詩人善於化「美」（靜態）為「媚」（動態）的意象創造，不僅彰顯出她有著堅實而深厚的藝術表現功底，也彰顯出她藝術構思的新奇。

(3)關於語言策略的運用

可喜的是，我們看到劉小梅在這一方面，也同樣取得了不容低估的藝術成就。單就嚴格的學理和詩學本體的依據而言，劉小梅自其初登詩壇至今，歷時雖然不長，但她所創作的詩歌文本，卻始終都是詩人主體性和她內在精神的張揚。即使她去着力展示社會生活狀況及眾生相，她也會極力突破時代語境和歷史語境的影響，而使用打上劉氏印記的個人話語。

更難能可貴的是，她從未屈服於形形色色的社會潮流，亦不受各種強悍的政治霸權話語和意識形態語境所束縛，所左右。她，卻以自己特有的詩人良知和佛家弟子的慧悟，以自己盈溢著悲憫與憂患意識的博大情懷，去與複雜多變的社會生活與生活狀態，進行雙重關注與觀照；對詩歌藝術的本體性和抒情主體的個體性，進行逼視與張揚。

首先，着力於將陳述性語言轉換為意象化語言，並藉以展示詩之客體和主體的鮮明個性，進而達至古人所要求的「情融神會」，「窮神盡形」，使其具有「傳神寫照」的美感，這是一種很高的藝術境界，非優秀而傑出的詩人則難以抵達。劉小梅曾說，「任何藝術若能做到『傳神』，幾乎就達到了完美」。可見，她對此早就有了明晰的認識和感悟，而且將其作為自己拼力以求的一大目標。且看——

「掃帚與抹布／陪伴著她的一生／馬桶與垃圾／主宰著她的命運／她的目光只對舊報紙放電／她的個性只對廢棄物展示」（《雕像・清潔婦》錄）

「悠閒的女人們／將午後生意清淡的咖啡廳／險些燃燒起來／以她們足可照亮一座城市的／珠光寶氣／煩惱得嚴重失眠的她們／正事態緊急地開著圓桌會議／究竟該投資多少／購買營養不良」（組詩〈街景〉之17，見詩集《影像的約會》，第79-80頁）。

「漫步／在熟悉卻又陌生的街道／突然想起／啊／家裡爐上那鍋青春／早燉爛了」（〈漫步〉10帖之一，見詩集《今夜有酒》第27頁）

這裡所描寫的三類迥然有異的婦女形象，無論是那位雖迷戀華爾滋，卻只能靠做清潔工換取微薄生活費的清潔婦，還是那群無所事事而肥得冒油的富貴女人們，她們都有著各自的無奈與落寞，有著鮮明的個性和莫明的煩惱——姑且不論抒情主體對她們執有怎樣的看法和態度。就連那位看似抒情主體又非詩人本人而漫步於街旁的少婦，也因猛然想起「爐上那鍋青春」，「早燉爛了」，而頓生青春易逝，良辰美景難留之慨——生命狀態儘管千奇百怪，但卻都有著各自情味不同的酸甜苦辣……儘管劉小梅曾認定「人生的真諦在於悠游自在過日子，但是，難呵！頭上那千根煩惱絲，總是剪不斷，理還亂的！

(4)關於詩體建設

我們在通覽劉小梅新詩創作之後，便不難發現，她是一位具有高度文本自覺和藝術自覺意識的優秀詩人。在詩體建設方面，她不僅有著清醒的認識，而且從某種角度來看，簡直可以說是不遺餘力。例如，就在創作者運用「組詩」和「小詩」這兩類詩體來寫作方面，其成就之卓著，應該說那是顯而易見的。豈不是嗎？只要你打開她的詩集，無論是哪一冊，這兩種類型的詩都會讓你深深受到震撼。因此，對這兩類詩體，本文不欲再去多費筆墨。而對她所運用或自行創製的某些頗為特殊的新詩體式，筆者還是不想輕易放過而必須加以著墨。

首先，她善於利用句式的變幻與重組，以創製甚為鮮見的新詩體式。這突出的表現在以下幾方面：

其一，藉用諸多鮮明可感可視的意象群，以擴充原本極其簡單的單句句式，來創製新的詩體。

其二、用同樣的方法擴充複句，亦能創製新的詩體。

其三，擴充語法關係中固有的句子成份，如主謂結構、動實詞組等，以創造詩體。這同樣可取事半功倍的藝術審美效果。

其次，劉小梅還很善於將某些關鍵性的字詞放置於詩行的關鍵部位，以創造詩行，並進而創製藝術特色同樣鮮明的新詩體式。

再者，劉小梅還甚為注意詩節的建構，並試圖探索出具有規律可循的某些途徑來。因為除獨章獨節體外，畢竟大部分詩歌都是分章分節的。因此，詩節的營造便顯得十分重要。即使對所謂的自由體詩來說，亦同樣如此。

此外，劉小梅的高超之處及其藝術功力的深厚，還表現在她善於變異某些修辭格，使之不單單是為了修飾語言，以增強美感，而是將它轉化並提升為某種獨特的思維運行方式，並藉以去創製某些新詩體式。此前，我們在上文中已所提及的諸如鑲嵌，鋪排，對應以及回環複沓等等，這裡，我們暫且不擬再論。但對一些並非常見的變革方式，卻又不能不說。

其一，請看這樣一節詩：「羨慕乞者／他至少還擁有一縷清風／羨慕女侍／她至少還擁有一抹口紅／羨慕殘花／它至少還擁有一株孤松／羨慕落雨／它至少還擁有一卷詩評」（〈擁有——為一名遭受三代暴虐的婦女而寫〉，見《刺心》，第98頁）——它固然可看作奇偶詩行同字（詞）領起建行體之變式，但那樣未免顯得繁瑣。

其二，由詩行的扇對發展而為詩節的交相對應，當然也就自成一體。你瞧，「甚至不敢請太陽到家裡坐坐／因為／這裡沒有地毯／也沒有午餐／輪椅啊／走／到門口看看／孩子們今天又帶回什麼樣的／餘菜剩飯∥甚至不敢請玫瑰到家裡聊聊／因為／這裡沒有紅酒／也沒有池畔∥輪椅啊／走／到窗口看看／咱們惟一能借貸的只有／那片藍天」（《這個房間——為一個受傷癱瘓的男子而寫》，見《刺心》，第110-111頁）——

其三，尚有一種自「同語穿插建行組節體」衍化出來的詩體。其特徵不是以同一行詩穿插其中，而是以同一節詩穿插於整首詩的結構之內。

其四，我們再共同來讀讀這首題為《吃茶去》的短詩：「提著一袋重重的／愁／到茶園納涼／風兒忙來送吻／它不嫌貧∥我把一顆冰心／泡在熱茶裡／愉悅地飲著／旁人難以窺伺的／冷∥薄薄的太陽急著下山／我也只好起身離去／提著一袋輕輕的／雲：（見《種植一株寧靜》，第131-132頁）這裡，最為搶眼的恐怕要算是首尾幾行。尤其是最後「輕輕的／雲」，顯然是從「重重的／愁」化出。但它的靈動飛揚之勢與前者鬱悶下沉之狀，形成了鮮明的對比與反差。而將原為仄聲字的「重重」更換為平聲字「輕輕」，加之它還與後面的「雲」字同韻，雖同是疊字辭格的運用，但讀起來所感到的韻律美及其整體性的音樂美，卻頗有區別。因此，這種微妙的變異，還使得用同樣語句造成首尾詩行回疊唱的體式，頓時化為「首尾詩行變式回環體」。

劉小梅的創作實踐，還使我們清晰可辨——其一，她為新詩的語言寶庫，提供了新的質素和新的庫存。其二，作為語言藝術的詩，它所運用的語言，較之其它文學門類，更為千姿百態，豐富多彩。其三，詩創作毫無疑問應側重運用形象思維，但從藝術構思和實施語言策略的整個進程方面看，絕對離不開邏輯思維。尚須說明，有關詩體的運用和創製，原本可納入語言策略去談，只是因為深感現代詩壇對其甚為忽視，才將它專列一題並展開論例。

結語

至此，我們已清晰瞥見劉小梅的身影。她以自己善於選材，精於藝術構思，講究語言策略和注重創製詩體等獨特風采，展示出她固守生命寫作的高潔與絢麗。「縱浪大化中，不喜亦不懼。」（陶淵明：〈神釋〉）劉小梅完全可以憑借她現有的幾部詩集，憑借她「操千曲而後曉聲，觀千劍而後識器」（劉勰語）的雄厚藝術功力，昂昂然邁入華文詩壇重要詩人的行列。不信，你瞧！她正信手拈來生活圖景，去和自己的靈魂繾綣；她亦在低吟淒楚的慢板，去吻醒病入膏肓的地球。呵，暗香疏影中，她拎著受傷的地球疾步走來！正前方，正是專供大詩人栖居的金碧輝煌的聖殿。

編者按：

本篇評論係大陸名詩論家陶保璽針對台灣詩人劉小梅詩作品整體評析，論文長達五萬字以上。迄目前爲止，在「創世紀」和「文學人」只披露部份原文。

本刊徵得劉小梅理事長同意，將論文各單元精華要點摘要編輯，以提綱挈領方式，掌握全部論文論述要旨、內涵、精萃，摘要發表，以儘量完整呈現原論文評論要點全貌爲要義，以饗讀者。有興趣者可向劉理事長索取論文全文，深入研究。

陶保璽先生評論過兩岸頗多詩人名家，頗具盛名，其學問淵博，論見精闢，值得本刊讀者，各方詩家參酌。

——《藝文論壇》創刊號二〇〇九、五、四